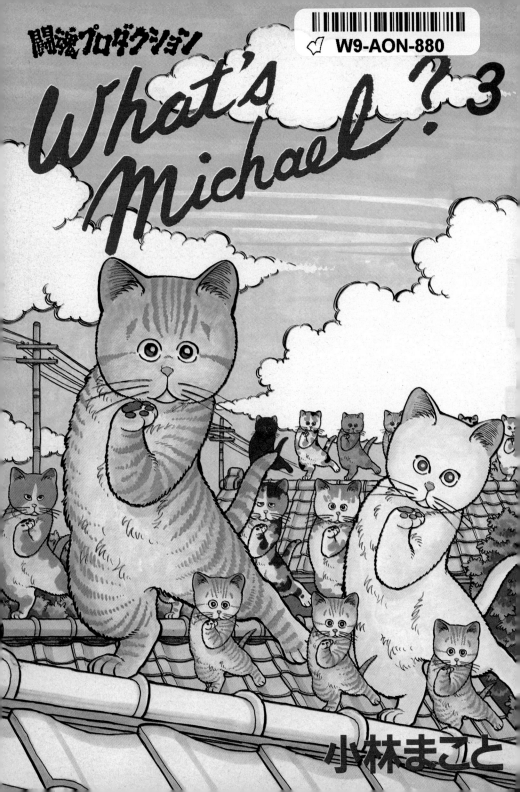

4

6

THE END

Vol.45　マイケルとの7日間

たまには一人で旅行がしたい…と彼女はいった…

だけど猫のマイケルがいるから長く家をあけられないというのである

いっておいでよ

と僕はいってしまった

ジェシィはへんな顔だった

さっそくジェシィの店へカンヅメを買いに行った.

ペットショップ 犬・猫・鳥
ジェシィ

OK!!

ゴージャスキャットをくれないか

た……高いな……

もっと安いのはないのかい

……

……

1缶200円だぜ

モーニングキャットなら50円だ

それでいい!!それくれそれ!!

それくれそれ!!

20個くれ!!

11

12

13

14

THE END

Vol.46

好物を狙え!!

THE END

Vol.47

猫の手も借りたい……

24

25

THE END

Vol.48 続スキンシップ〈猫になりたい〉

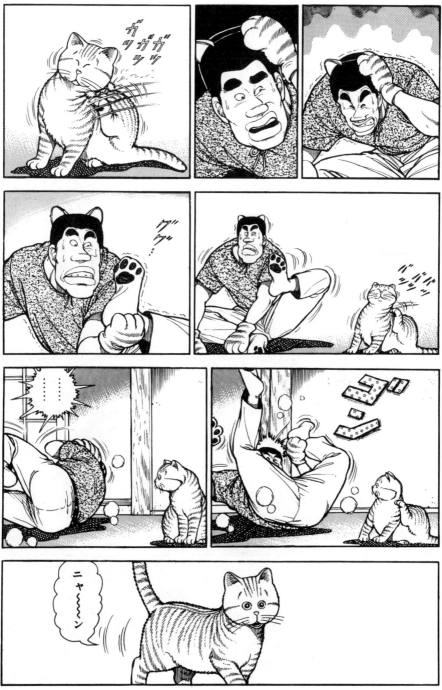

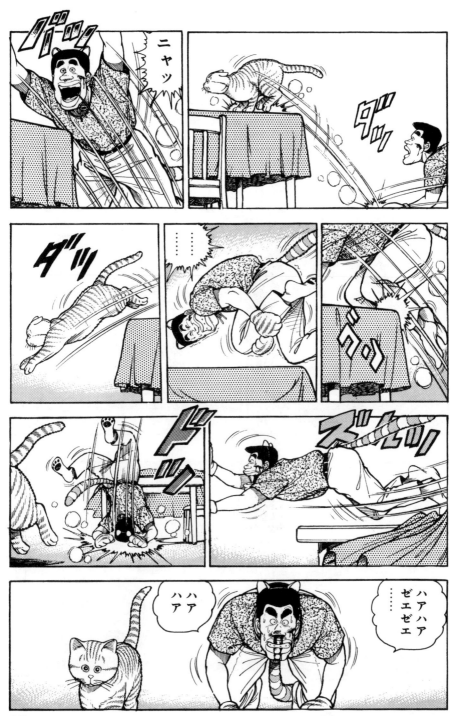

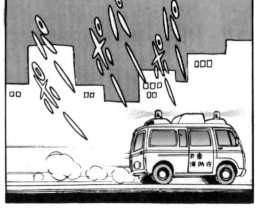

THE END

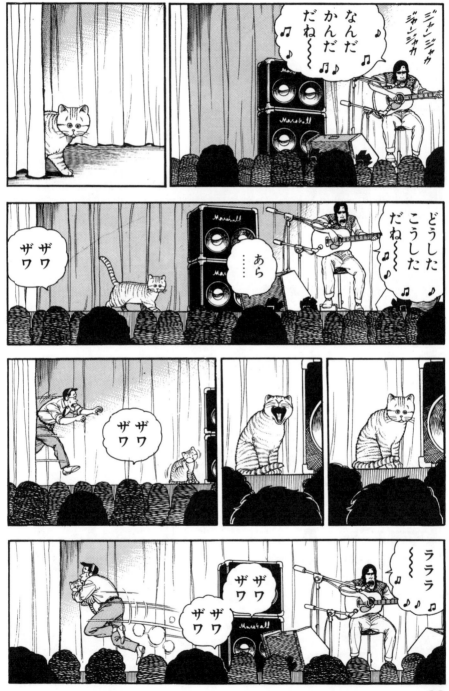

39

THE END

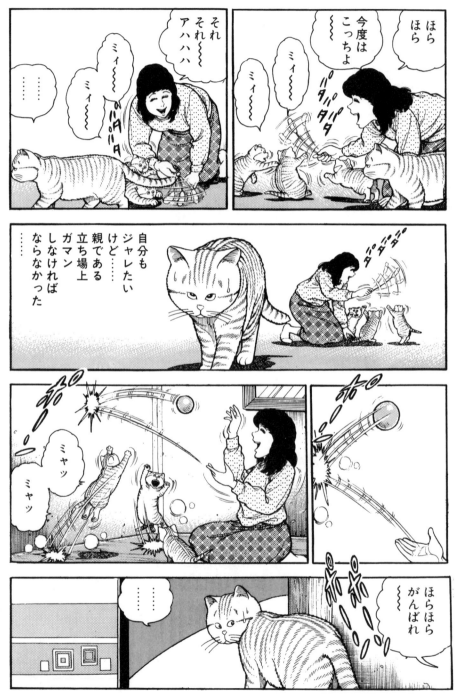

それ
それ
アハハハ

ほら
ほら

今度は
こっちよ
～～

ミィ～～
……
ミィ～～
ミィ～～

ミィ～～
ミィ～～

自分も
ジャレたい
けど……
親である
立ち場上
ガマン
しなければ
ならなかった
……

ミャッ
ミャッ

ほらほら
がんばれ
～～

……

43

45

THE END

Vol.51 新・ヤクザ講座
〈幹部Mの憂うつ〉

ヤクザ
通称
M
……

講談組
幹部……

この世に
怖いもの
などない
彼だが
……

ハ
……

は
……

ダダッ

ダッ

バリッ

バリッ

こんな
ところを
若い者に
見られたら
どうすりゃ
いいんだ……

しかし
……

ただひとつ
猫だけは
ハナが出るほど
怖かった

ハァ
ハァ
ハァ

48

49

51

THE END

Vol.52
マイケルの基礎知識

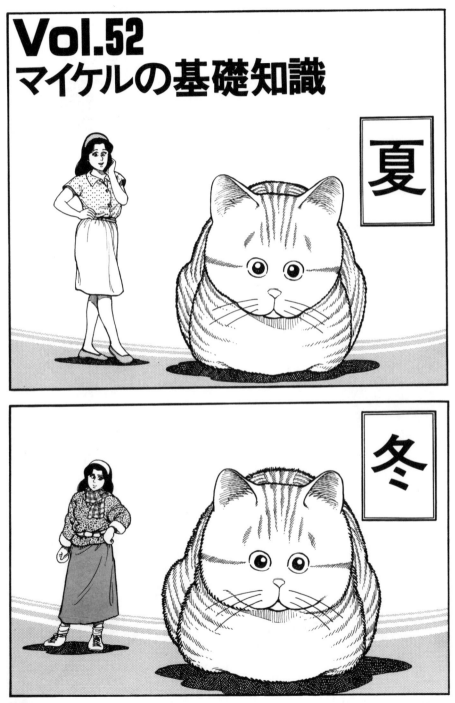

夏

冬

もっと
うれしい
とき

ゴロロン
ゴロロン

（ウソです
けど）

頭が
かゆい
とき

ギギリ
ギギリ

（これも
ウソです
けど）

お尻が
かゆいとき

（しつこい
ようですが
猫は前足では
どこも
かきません）

ボリボリ
ボリ

それでは
猫は悲しいとき
どうするんで
しょうか

猫博士の
今林先生に
きいてみま
しょう

HOTEL NEW

57

THE END

……
……

礼なんて
いいのに
……

……
……

ん
……

猫だって
恩も
恨みも
忘れない
のだった
……

THE END

Vol.54　依頼者からの手紙

〈私立探偵・根岸信一郎〉

私の名前は根岸信一郎（ねぎししんいちろう）私立探偵である……

殺人事件からオカルト事件までどんな難解な事件も解決してきた……

そしてその日私のもとに1通の手紙が舞い込んできたのである……

その内容はこうだった……

根岸探偵事務所

前略
私は某証券会社に
勤務している
立花礼子という
22歳のOLです
……

それは
1年前の
ことでした
……

私は会社の
帰り道……
たしか
午後7時から
8時の間だったと
思うのですが
いつも通る
公園を歩いて
いたのです……

そのとき

前略
私は、某証
のOLです
それは、
公園を
そのとき
いたの
マンシ
きて
前に
食べる前にか
だけど
……立花礼子

ミイ～～
ミイ～～

ミイ～
ミイ～～

1匹の子猫がおなかをすかしてないていたのです‥‥‥

ピキ～～～

私はどうしてもほっておけずマンションでの独り暮らしにもかかわらずつい連れて帰ってきてしまったのでした

名前はマイケルとつけました‥‥‥

ところが——

と

もう～～～とにかくかわいいんです

夜は
必ず
私の寝てる
ところへ来て

布団を
モミモミして
「入れてくれ」って
いうんですよ
そこがとっても
かわいいんですけど

しかたなく
入れてあげると
まるで人間
みたいに頭を
枕の上にのせて
寝るんです

おまけに
耳もとで
いびきはかくし
ヒゲがあたって
くすぐったいっ
たらありゃ
しないんだけど
そこがまた
と〜〜〜っても
かわいいんです

と
ところが

マイケル
ったら
ちくわが
好きなん
ですよ
〜〜

68

とにかく
マイケルなしの
生活は
考えられません
長生きしてね♡

では
さようなら

……

……

東京都品川区西五反田
猫の手帖
読者の広場係

……

私の名前は
根岸信一郎
……
私立探偵
なんですけど……

THE END

Vol.55

マイケルのクセ

THE END

クァ……

おりて
こ～～い

おめえは
人質なんだ
からよ!!

よし!!
車は用意
したぞ

人質を
解放
しなさい

いいか!!
俺が逃げるまで
近よるんじゃ
ねえぞ

少しでも
動いたら
この猫
ブスリだからな

ギッ

ダグッ

80

THE END

Vol.57
共同生活〈テレビの見方〉

THE END

Vol.58 The ライバル
〝マイケルvs.ニャジラ〟

92

THE END

94

THE END

Vol.60
ホワッツ ニヤジラ
What's Nyazira?

みなさんこんにちわ〜〜〜

有名人などの飼っている猫ちゃんを紹介する「猫ちゃん訪問」で〜〜す！

今日は人気No.1の美人女優朝丘山雪路子さんのお宅へやってまいりました

おじゃましま〜〜す

いらっしゃ〜〜〜い

お待ちしてたんですよ〜〜〜

わ〜〜〜 ここが あこがれの 雪路子さんの お部屋ですか〜〜〜

すてきですね〜〜〜！

とんでもございませんわ

さあ どうぞ どうぞ

それではさっそくですけど

猫ちゃんを拝見したいんですけど

はいわかりました

カトリーヌ〜〜〜！ カトリーヌおいで〜〜〜！

こないみたいだからつれてきますね

はいおねがいします

103

カトリーヌ！
そこでおねんねしてたの〜？

お客様がみえてるからごあいさつしましょうね〜〜

どうもお待たせしました〜〜

カトリーヌちゃんで〜〜す

！

あ……あの……

そ……それはなんていう種類の猫なんですか……

これはニャジラっていう種類なんですよ〜〜

THE END

THE END

ふつうの
ヤクザの
頬（ほお）はこうだが……

Vol.62　壮絶！
ヤクザK vs. M！！

猫を飼ってる
ヤクザは
こうだった……

なんの用だ……

殴り込みじゃねえから安心しな
話し合いをしに来たんだ……

お
おい!!

む……

ね猫の臭いがしねえか？

さ　さあ
気のせいじゃねえのか

…………

…………

今日来たのはほかでもねえ……

音羽街から手をひけってことか

ス……

さっしがいいじゃねえか

115

ん!?

なんで戸をちゃんとしめねえんだ!!

う……

しまった

いつも猫が通れるように15センチあけておくクセがつい出ちまった……

これはつまり

もしも地震がきた時のことを考えて……

ん……

なんでティッシュペーパーの箱がさかさになってるんだ!?

う……

しまった猫がいたずらするんでついさかさにしたままだった

……

おたがい
これ以上
血を流したく
ねえしな……

そ それは
ともかく

それは
つまり
ごはんを
食べる時
その方が
テーブルの
かわりに
なっていい
からだ

…………

ん
……

ここで
ひとつ手を
うたねえか

…………

ウニャ～

う……

今 猫の
声がしな
かったか

お
おい

とにかく
……

ひとつだけ
言っておく
が……

な!?
……

な 何を
言ってるん
だ……
今のは
俺の屁
だ

ブニャ…

117

THE END

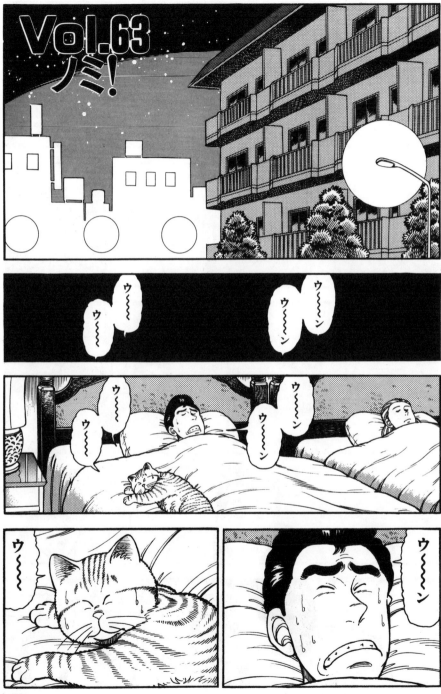

フン……

ノミなんて
わたしが
全部退治
してあげる
からね

ごめんね
マイケル
気にしな
くていい
のよ

……

あとは
獣医へ行って
ノミ取り
首輪を
もらって
きな

ノミ取り
シャンプーに
ノミ取り粉に
ノミ取り櫛だ

どうも

ペットショップ 犬・猫
ジェシィ

しかし
おたくは
マンション
なのに
なんでノミが
わいたのか
な……

猫が外を
出歩くわけ
でもない
のに……

THE END

それでも猫は
地面で
ひと休み
したりしない
誇り高い動物であった

What's Michael? ③ 完

※「What's Michael？ ③」'85年のコミックモーニング20号，21号，23号，24号。'86年のコミックモーニング1号，2号，4号から16号。'85年コミックモーニングパーティー増刊1号，'86年コミックモーニングパーティー増刊2号に掲載された作品です。

この作品に対する，ご意見・ご感想をお寄せ下さい。

また，単行本にまとめてほしい作品がありましたら，お知らせ下さい。

〒112　東京都文京区音羽2−12−21　講談社　コミックモーニング編集部　ワイドKC係

闘魂プロダクション

What's Michael？③

1986年7月14日　　第1刷発行	Printed in Japan
1989年1月31日　　第14刷発行	

（定価はカバーに表示してあります）

著　者　　小林まこと　　　　　　　　　　　　　　　©Makoto Kobayasi 1986

発行者　　加藤勝久

発行所　　株式会社　講談社

　　　　　〒112　東京都文京区音羽2−12−21　電話　東京(03)945−1111(大代表)

装　丁　　株式会社　日本ベリエールアートセンター

印刷所　　大日本印刷株式会社

製本所　　藤田製本株式会社

講　談　社

ワイドKC-9　　　　　　　　　　　　　　　ISBN4-06-176509-4 (0) (コモ)